Lucas Nisbach

Seelenwanderung

Die Gedichte und Gedanken meiner Seele

Herstellung und Verlag: Books on Demand GmbH, Norderstedt
ISBN:978-3-8391-7202-5

Seit 2005 schreibe ich Gedichte. Gedichte, die mein Inneres und Äußeres widerspiegeln. Es sind Gedanken und Träume, die ich durchlebte, aufgeschrieben ,dass sich so mancher vielleicht hineinversetzen kann.
Viele Menschen haben dazu beigetragen, dass ich solche Gedichte geschrieben habe und in Zukunft schreiben werde. Auch wenn es bei manchen Gedichten eher unpassend ist, so möchte ich mich bei jedem Einzelnen bedanken, denn ohne diese Erfahrungen wäre ich nicht zu dem Menschen geworden, der ich nun bin.
Besonders möchte ich mich aber bei

meiner Mutter Heike Baxmann-Nisbach,
meinem Vater Georg Nisbach,
meiner Oma Renate Baxmann,
meinem Opa Heinz Baxmann
und Peter Herrmann

bedanken, die mich in meinem Leben unterstützt haben, mir Kraft und Mut gaben und noch immer geben, weiterhin denselben Weg zu gehen, die mir in jeder Lage unter die Arme griffen und mir immer zur Seite standen.
Ebenfalls gilt mein Dank

Katja Bransdor,

welche sich mit viel Energie und großem Zeitaufwand durch meine Gedichte las und sie sorgfältig korrigierte. Nur mit ihrer Hilfe konnte ich den Entschluss, ein Buch zu veröffentlichen, in die Tat umsetzen.

So möchte ich mich auch bei

Samantha Mittermayr
Hendrik Meinken
Sarah Delfing
Maurice Heuser
Jan Sander
Marvin Huld
Alexander Hupperich

bedanken, da sie immer ein offenes Ohr hatten und mir halfen, meinen Weg zu festigen. Sie zählen zu meinen engeren Freunden und ich bin froh, jeden Einzelnen zu kennen. Danke euch!

Auch folgende Lehrer haben einen Dank verdient und sollen nicht Außen vor gelassen werden:

Bert Schönberger
Norbert Hohmann
Ulrike Pöll
Karola Ocklenburg
Petra Trepnau

Diese Menschen haben mir in vielerlei Dingen die Augen geöffnet und mich so manches Mal wachgerüttelt.

Allen Menschen gebührt mein Dank.

Sie

Ein Blick aus ihren Augen
Ein Atemzug aus ihrem Mund
Ihr Duft so lieblich
Ihre Haut so zart und weich

Nichts mehr als ein Lächeln
ich mir wünsche
Nur ein Kuss von ihr mich
befreien kann.

Meinen Blick ich nicht
mehr von ihr abwenden kann
meine Gedanken nur noch
über sie nachdenken.

Doch ich bin noch immer
einsam.
Seelenlos sehne ich
mich nach dir.

RETTE mich!
Gib mir mein Herz zurück!
Schenk mir eine Seele!
Liebe mich wenn du kannst

Doch SEI EHRLICH zu mir!

Wasser

Nun stehe ich dort
sehe dich an
bewundere dich und kann
nicht aufhören
an dich zu denken

wie Regen prasselt
das Wasser auf uns nieder
sucht sich
den Weg über unsere Körper
zeichnet
verschlungene Zeichen
auf deine Haut

Mit Sehnsucht verfolge ich
ein Rinnsal, welches sich
langsam einen Weg bahnt
kann meinen Blick
einfach nicht abwenden
muss begutachten wie es
deinen perfekten Körper
herunter fließt

als es am Boden
angekommen ist
blicke ich dir
wieder in die Augen

Du funkelst mich an
und lächelst mich an
Einen Gedanken ich nur habe
wie umwerfend du doch bist

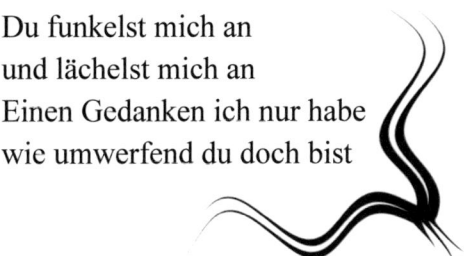

Tür

Nun stehe ich dort
alleine, vor der
verschlossenen Tür
ohne zu wissen ob
du sie jemals wieder
öffnest

War ich es selbst
der meine Tür
schloss.

Damit du mir
nicht mehr weh tust
Damit du mir
nicht das Herz brichst

Lebe in dieser
eigenen doch
kleinen Welt
ohne dich

Will sie öffnen
doch sie von
innen keine
Klinke hat

Nur du das alles
gut machen kannst
was du mir angetan
hast!

Sitze in meinem
kleinen Raum
Ohne Seele
mit gebrochenem Herzen

Was hast du nur getan?
Warum tatest du das?
Wieso hast du mir
das Herz genommen?

Warum lügst
du mich an?
Warum redest
du anders mit mir

Was habe ich dir getan
dass du meinst
so mit mir
umspringen
zu können?

Was willst du
von mir?
Willst du Beweise?
Beweise dass ich
dich LIEBE?

Du kennst
meine Gefühle!
Weißt wie ich denke!
Weißt dass
ich nur dich
haben will...

Fragen ich mir
stellen muss...
ob du... mich
betrügst
ob du... mich
hintergehst

Fragen die du
mir nicht
beantwortest.

Alles so verschwommen
unsere schöne Zeit
verschwommen

Hast du
all das vergessen?
Bin ich nicht mehr
gut genug?

Wieso nicht
wie damals?
Nur wir zwei
Stund für Stund
Nun ist alles anders...
Du bist anders...
zum Negativen...
Vermisse dein
wahres Ich!

Was ist
mit dir passiert?
War ich es?
Habe ich dich
Zerstört?

Lauter Fragen…

Ich, Du und das Gefühl (14.11.08)

Es ist hart
Es tut weh
Es macht keinen Spaß
Es gefällt mir nicht

Ich hasse es
Ich mag es nicht
Ich will es vertreiben
Ich möchte es zerstören

Wir müssen da durch
Wir sind stark
Wir haben Kraft
Wir sind eins

Du bist meins
Du gehörst zu mir
Du bist mein Engel
Du bist die Richtige

Dich so zu sehen
Das Gefühl der Hilflosigkeit
Wir sind zusammen
Du bist die, die ich liebe

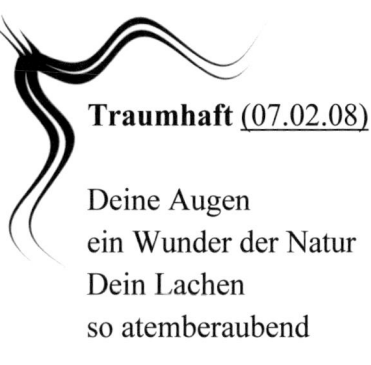

Traumhaft <u>(07.02.08)</u>

Deine Augen
ein Wunder der Natur
Dein Lachen
so atemberaubend

Bist eingetreten in mein Leben
erfüllst mein Herz mit Liebe

Ich denke
wir kennen uns schon lange
doch in Wahrheit
sind es erst wenige Tage

Bist gut zu mir
Bist ehrlich zu mir
Bist die Liebe die ich suchte

Nicht ich habe dich gefunden
Du hast mich gefunden
Halte dich fest
in meinen Armen
Lasse dich nie mehr los

Kann es nicht fassen
Kann es nicht begreifen
dass du hier bist
bei mir
Bin nicht mehr einsam
Habe dich
Dich für mich allein
Will dich nicht teilen!

Brauche dich
Möchte nur dich

Freue mich
auf jedes Treffen mit dir
Freue mich
auf den Abend ganz allein mit dir

Denn eins
steht fest!
Du bist mein
Ein und Alles!

Sorge <u>(13.11.08)</u>

Ich sitze hier
betrachte dich
sehe dich
Liebe dich

Kann nicht leugnen
was ich denke
Kann meine Gefühle
nicht verstecken

Mache mir Sorgen
dass du erkennst
dass dies alles
zu viel für dich ist

Stelle nichts in Frage,
gebe dir Zeit,
vertraue dir,
denn ich liebe dich!

Will dich nicht verlieren
Will dich weiter lieben

Habe Angst
anscheinend berechtigt…
Will die Frage
nicht stellen
Habe Angst
du verstehst sie
falsch

Kann nicht
beschreiben
was in mir
vorgeht

Leere die
so voll ist
von Sorgen
und Ängsten

Nur drei Worte
in meinem Kopfe
schwirren:
„Ich Liebe Dich"

Sonne und Mond

Sonne und Mond
unser Leben begleitet.
Licht und Dunkelheit
uns erhellen und verdüsterten.

Du aber bist
alles zugleich.
Zeigst mir den Weg
zum Fühlen der Liebe

Bist das Licht
am Ende des Tunnels.
Bist der Engel
der mich beschützt.

Genau so versuche ich
für dich da zu sein.
Will auch deine sein
deine Sonne.

Eines steht fest
Liebe ist unfassbar!
Denn auch du bist es!
Du bist die Sonne die immer scheint!

Rose <u>(13.11.08)</u>

So Rot
so unberührt
so schön
so unantastbar

Sie steht da
mit voller Pracht
zeigt keine Reue
für ihre Taten

Hat schon tausende Herzen
gebrochen
Hat schon tausende Menschen
verletzt

Fasst du sie an
zerstört sie dich
schaust du sie an
macht sie dich blind

Doch einer hat's geschafft
sie zu pflücken
Die Rose der Liebe
Nur für Dich!

Schwarze Seele (25.02.10)

Wolken schieben sich
vor meines Blickes Fenster
Es wird schwarz
um mein Herz

Hast genommen mir
all mein Glück
genommen mir
die Chance
wollte doch zeigen
das mein Wille
stark genug ist

Doch nie,
nie wieder
wird es so sein
wenn du bei deiner
Entscheidung bleibst

Nur du kannst retten
unsere Seelen,
Nur du kannst finden
die Liebe zu mir

Illusion

Dunkel es wird
bei Betreten des Raumes
wieder spiegelt meine Seele
Hilfe ich benötige

Sie sprechen zu mir
sehe es an ihrem Mund
doch verstehe sie nicht
nur zu dir will ich

Bist der Engel, ich gesucht
so schön, so umwerfend
Bist die, die ich
glücklich machen möcht

Will dir zeigen was es heißt
doch wer bist du?
Nur eine Illusion?
meiner verkorksten Sehnsucht?

Doch du bist zu real
um nur Illusion zu sein
Will dich spüren
fühlen, anfassen.

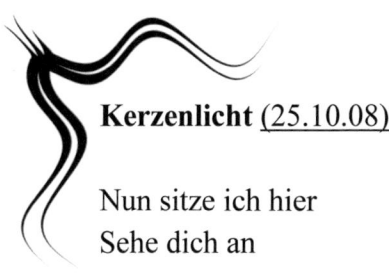

Kerzenlicht <u>(25.10.08)</u>

Nun sitze ich hier
Sehe dich an

Das Kerzenlicht
Wohlig im Takte
Der Musik wippt

Kann nicht glauben
Dass du nun hier
Bei mir bist

Hast das Loch
In meinem
Herzen gefüllt

Die ruhige Musik
Mich und dich
Beruhigt

Genießen zusammen
Diese wunderschöne
Zeit

Soll nie enden
Wird nie enden
Darf nie enden

Jeder Schritt
Von dir weg
Tut mir weh

Jeder Blick
Der nicht mir gilt
Zerreißt mich

KANN nicht mehr
Ohne dich
WILL nicht mehr
Ohne dich

Ein Sonnenaufgang

Sitzend, an einem Strand
fühlend den Sand
Streichle ich dich
und ich weiß
du liebst mich!
Auch ich Liebe dich

Den Sonnenuntergang,
in dem warmen Sand genießen.
Den leichten Windhauch spüren
und all die Sorgen
hinter uns lassen.

Die Nacht lang und warm
nur wir zwei, der Himmel
und die Erde.

Dich in dem Arm haltend
dich küssend und liebend
Nur Deins ich sein will.

Ich Liebe Dich!
So sehr, dass es nichts
auf dieser Welt gibt,
das es anzeigen könnt.

Einigkeit

So, nun steht es
auf der Tafel des Lebens
So ist es gewollt
von beiden Personen

Die Linien so klar
und der Schwung vollkommen

Die Tafel
eine Perfektion,
eine Perfektion
des Lebens

Ein Kampf
gefochten wird
nur für die wahre
Liebe

Ich sie
in meinen Armen halte
die wahre
Liebe

Ich sie nicht mehr
loslasse
Sie gegen alles
beschütze

Doch nicht allein,
nein, nur mit ihr ich
diese Kämpfe kämpfe

Nicht mehr allein
auf dem Schlachtfeld
kämpfe,
gewiss nicht.

Sie neben mir steht
und gemeinsam
mit mir, gegen Dämonen
kämpft.

Die Sorge und das Leid
nun geteilt wird
durch zwei,
zwei gleiche Teile.

So, nun
wir den Weg gehen.
Den Weg der uns
bestimmt.

Doch nun
nicht mehr allein.
Nein zu zweit.

Du mich küsst
aus wahrer
Liebe.

Das ist das
was wirklich
zählt!

Ich es nun
erkannt habe.
Dass du da bist!

Ich dich nicht mehr
aus den Augen lasse
Zu wichtig du mir bist!

Kann es dir nicht
beschreiben.
Dich nur
fühlen lassen.

Schreibe diese Zeilen
voller Liebe
und voller Gefühl.

Du mich bewegst zu diesen Zeilen.
Denn auch du
voller Liebe und Gefühl bist.

Die Nacht

Liege im Bett
Ganz allein
Ohne dich
zu spüren

Es ist seltsam
dieses Gefühl
Erst Probleme
Dann diese
endlose Sehnsucht!

Will nicht
diese Probleme
Will nur
dich

Brauche deine
Wärme
deine Liebe
so wie noch nie

Egal was
passieren mag
eins steht fest
Ich liebe dich

Engel

Rot, so feuerrot, strahlst du in mein Gesicht
Wie ein Engel lässt du mich erblicken das Licht
Lässt mich weinen, fühlen, LEBEN

Du, der dieser Engel geworden bist.
Hast verändert mein Leben
Du, der dieser Engel geworden bist.
Hast mich verändert.

Das Lächeln eines Engels darf ich erleben.
Die Gefühle eines Engels darf ich spüren.
Die Trauer eines Engels darf ich lindern.
Die Freude eines Engels darf ich verstärken

Denn DU bist der Engel des Lebens
Der Engel meines Lebens

Regen

Nun stehe ich dort
auf der weiten Wiese
die Regentropfen
auf mein Gesicht prasseln
jeden ich spüre

Die Wiese ich nicht
verlassen will
Die Einsamkeit liebend
ich immer noch stehend
im Regen

Dicke große Tropfen
niederprasseln
Bin durchnässt bis auf
die Knochen
und das Herz

Wissend, dass jemand wartet
auf mich
auf meine Seele
Dort im Trockenen
auf mich wartet

So bleibe ich dennoch
stehen im Regen
Allein und ohne Sinn
aber wissend
dass sie mich liebt

Sie hält mich warm
lässt mich durchstehen
was ich Tag für Tag
erlebe

Sie ist da
für mich
aber ich?
Für sie?

Kann ihr nicht zeigen
was sie mir zeigt
kann sie nicht wissen lassen
was sie mich wissen lässt

Liebe sie!
Aber habe Angst
sie zu verlieren
die große Liebe

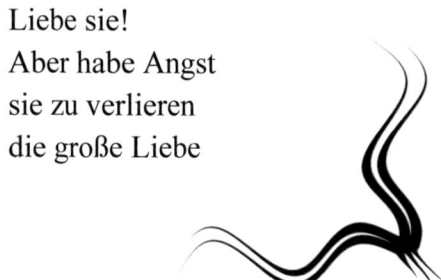

Die Zeit

Die Zeit
ist das
Wertvollste
was wir nicht haben

Unser Leben
ist im Vergleich
zur Welt
so lang
wie das Leben
einer Eintagsfliege

Wir sind
Wertlos
ohne Zeit

Unser einzelnes
Leben ist
unbedeutsam
im Vergleich
zum
Universum

Unsere Existenz
ist zu kurz
um zu begreifen
warum wir
Leben

So ist das Einzige
was uns hält
das Leben an sich
was uns die Liebe gibt

Das einzig Wahre,
nicht Wahre
was man uns gab

Liebe ist Zeit
und
Zeit ist Liebe

Hat man keine Zeit
in der Liebe
hat man
keine Zeit
zum Leben

Nimmt man
einem anderen
seine Zeit
so ist er
des Todes

Man muss
behutsam mit
der Zeit
umgehen

Sie ist wertvoll
und man muss
sie nutzen

Sie darf
nicht verstreichen

Sie kann
geben und nehmen
Sie kann
erzeugen und zerstören

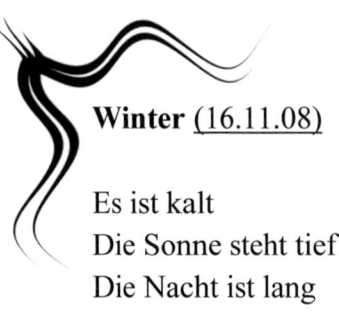

Winter <u>(16.11.08)</u>

Es ist kalt
Die Sonne steht tief
Die Nacht ist lang

Ihr Leid
Stund um Stund
wächst

Sie ihn nicht
verraten kann

Er sie bedrückt
Er sie bedrängt

Sie sich nicht
wehren kann

Je länger
die Nacht
desto länger
die Qual

Sie es nicht
mehr aushält
doch
keine Wahl
sie hat

Will weg
will weit weg
will fliegen
mit weißen Flügeln

Steht im Schnee
fühlt keine
Kälte mehr

Ihr Herz
vereist
Ihre Seele
geraubt
von ihrem
Vater

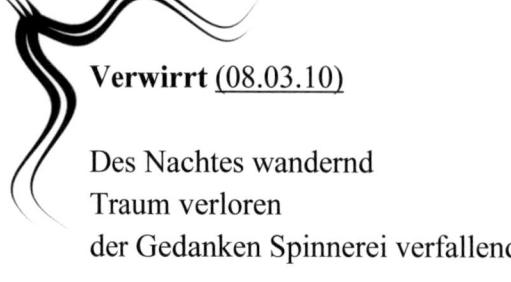

Verwirrt (08.03.10)

Des Nachtes wandernd
Traum verloren
der Gedanken Spinnerei verfallend

So siehst du
mit schließendem Blicke
trauernd hinterher

Wolken blicken
trauernd herum
mit Regen sie es stützen

Der Weg erschwert
durch Steine der Last
getragen werden müssen

Chaos herrscht
auf Erden Wege
Sinn entleert das ganze Leben

Erfüllte Gefühle
Volle Köpfe
Leeres Leben

Das Leben

Ist das Leben
das was wir uns
erhofft haben?

Gibt es uns das
was wir wollen?
So sehr ersehen?

Wo ist der Sinn?
Gib es ihn?
Wollen wir ihn?

So ist es doch
unsere Natur
zu tun was wir tun

Oder nicht?!

Das Leben ist
das was wir
daraus machen.

Doch machen wir das
was wir wollen?
Oder verfolgen wir
eine Linie

Sind wir eigenständig?
Sind wir wirklich wir?

Gibt es
für uns den
eigenen Willen?

Gibt es Krieg
weil wir es
wollen?!

Wollen wir Krieg?

Ist der Krieg
eine unserer
Errungenschaften?

Hat man es
so gewollt?
Dass wir uns
bekriegen?

Ist Liebe das
was man uns gibt?
Oder ist Liebe
das was wir
als Ersatz
für all das
Leid haben?

Lieben wir
aus freiem Willen?
Gibt es freien Willen?

Sind wir willig
den Willen
anzunehmen?

Oder ist es
nur ein Traum?
Ist die Liebe
ein Traum?

Fühlen wir die Liebe?
Lieben wir die
Liebe?
Ist Liebe ein
Produkt?

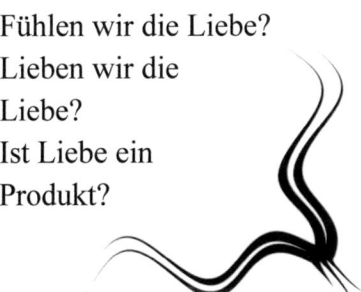

Nebel der die Stadt umhüllt (21.10.08)

Nebel der die Stadt umhüllt
Wasser das die Fische sterben lässt
Die Fabriken die die Luft verpesten

Dies alles
in diesem Moment
sich tut

Stehe draußen
Auf dem Ufer
des Endes

Die Fabriken
Verblassen
Vor meinen Augen

Der Nebel
Meine Sicht
Betrübt

Doch ist es
der Moment
der zählt

Diese Einsamkeit
Dieser Schrecken
Diese Trauer

Der Mensch
Als Virus
Auf dieser Erde

Zerstört alles
Vernichtet jeden
Und fügt sich nicht

Doch ist es
Noch immer
Ein Moment

In dem
Wir
Leben

Lebenswert

So ist's geschehen
Nationen verfeinden sich
Panzer stehen bereit
Die Männer wachsam

Der Krieg steht bevor
Keine Wahl
Keine Chance
Die Gemüter toben

Hass und Neid
Mit Wut gemischt

Die Welt
Nur eine stille
Beobachterin
Vom ganzen Geschehen

Und wir?
Wir sind nicht besser
Als jene
Die alles anfangen

Sitzend im Stuhl
Ohne zu handeln
Ohne zu wissen

Wir sind
Barbaren
In dieser Welt

Wir reißen
Alles an uns
Wir vernichten
Uns selber

Wir sind die Seuche
Die, die die Erde
Verbrennen lässt,
die Wälder vernichtet

Lassen Leib und Seele
In Hass und Wut
Aufgehen

Unser Leben
Einfach <u>nicht</u>
<u>lebenswert</u>

T - Trotz, O - Ordnung, T - Trieb

Stehst alleine
auf dem großen Feld
Das Fernglas in der Hand
Den Funker neben dir

Stehst dort oben
alles überblickend
Tausende
dir gehorchen

Funken fliegen
Lärm die Hügel
hoch kriecht
zu dir

Dir das Funkgerät
schnappst
brüllst,
schreist.

Auf dein Geheiß
Tausende sterben.
Doch Ordnung
muss sein.

Du dich fühlst
wie die Hand
Gottes!
Denn du bist es.

Ketten für dich rasseln
Kugeln für dich fliegen
Feuer für dich gelegt
Dunkel für dich erschaffen

Du das Leid
über das fremde Volk
bringst.
Du bist der Tod.

Den Krieg du
angefangen hast
Den Sieg
du nie bekommst

Menschen sterben
nur für dich
weil du sie
in den Tod schickst.

Raketen
dein eigen Land
zerstören.

Flugzeuge
deine Menschen
bestrafen.

All das Leid
weil du den Hals
nicht voll bekommst…

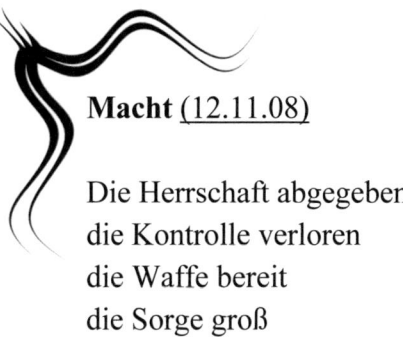

Mact <u>(12.11.08)</u>

Die Herrschaft abgegeben
die Kontrolle verloren
die Waffe bereit
die Sorge groß

Er hat nun
die Chance
zu verändern
was vorher schon
verändert wurde

Er ist
der Erste
seiner Art
hat Chancen
wie Keiner

Er muss
reparieren
was vorher
zerstört
wurde.

Die Herrschaft erlangt
durch die Wahl
des Volkes
Die Kontrolle erlangt
durch die Wahl
des Volkes

Doch die Frage
ob die Waffen
ruhen werden
bleibt bestehen

Die Sorge
um das Land
bleibt bestehen

Zeitveränderung <u>(13.11.08)</u>

Gezückt die Waffen
gerichtet auf den Feind
um zu vernichten
seinen Hass

Da stand er
auf seinem Platz
hatte Macht
und konnte beeinflussen

Hat Rache geübt
Menschen ermordet
hat Tausende
auf dem Gewissen

Doch nun
man ihn vertrieben hat
Die Menschen
neue Hoffnung schöpfen

Doch noch immer
herrscht er
der Krieg, noch immer
wird gemordet

Was wird sich ändern
unter der neuen Macht?
Wird er es schaffen
es zu verbessern?

Bilder

Wieder passiert,
alles verschwommen,
Bilder ziehen
an mir vorbei

Bilder von ihr,
ihr Lachen
schallt als
Hintergrund

Tausend Dinge,
viele Erinnerungen,
schöne Erinnerungen,
in mir aufblühn

Ihr Gesicht,
ich nicht vergesse
bei ihr
sein ich möchte

Herzlos sie mich
macht
Seelenlos sie mich
zurück lässt

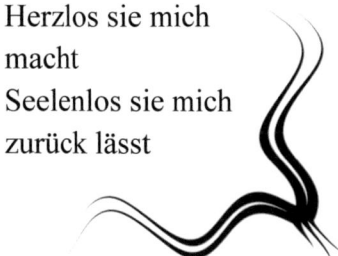

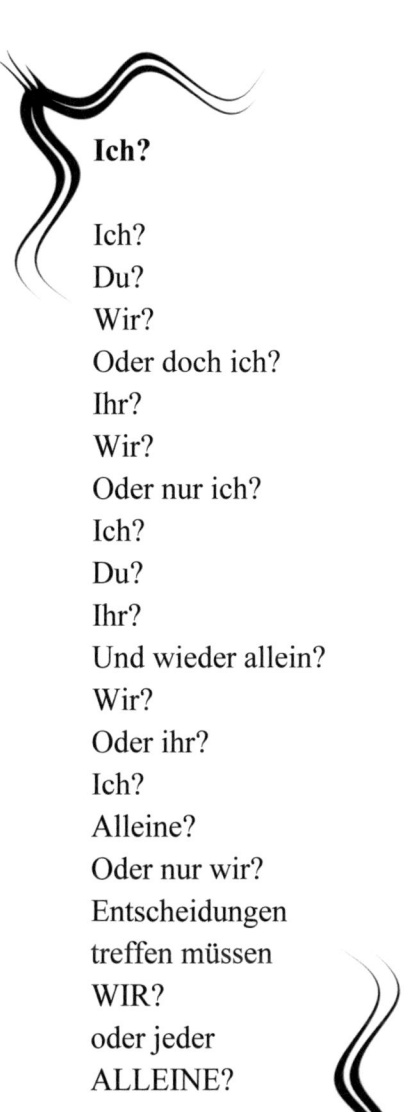

Ich?

Ich?
Du?
Wir?
Oder doch ich?
Ihr?
Wir?
Oder nur ich?
Ich?
Du?
Ihr?
Und wieder allein?
Wir?
Oder ihr?
Ich?
Alleine?
Oder nur wir?
Entscheidungen
treffen müssen
WIR?
oder jeder
ALLEINE?

Ich bin der Mann

(In Anlehnung an Ulla Hahns „Ich bin die Frau")

Ich bin der Mann

der ich gar nicht bin

Ich bin der Mann

aus meinen Träumen

Ich bin der Mann

der erstunken und erlogen ist

Ich bin der Mann

der sich nicht liebt

Ich bin der Mann

der sich selbst hasst

Ich bin der Mann

der du nie sein sollst

Ich bin der Mann

den du nicht kennen willst

Ich bin der Mann

der verstoßen wird

Ich bin der Mann

der einsam dort im Regen steht

Ich bin der Mann

der nichts kann

Ich bin der Mann

der sich selbst zerstört

Ich bin der Mann

der nicht mehr lieben kann

Ich bin der Mann
der aus Hass entstanden ist
Ich bin der Mann
der sich selbst nicht sieht
Ich bin der Mann
der dieses schreibt
Ich bin der Mann
der tot ist

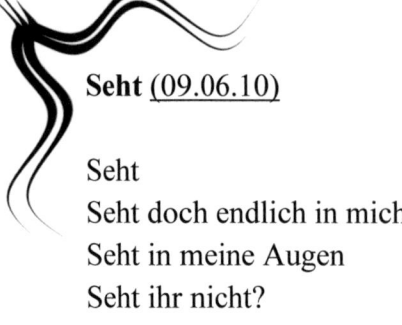

Seht (09.06.10)

Seht
Seht doch endlich in mich
Seht in meine Augen
Seht ihr nicht?

Warum seid ihr so blind?
Narren
Was tu ich für euch?
Seht doch nur einmal hinter die Fassade

Nur einmal in mich
Lest mich
Ich bin wie ein Buch
Ein verficktes Buch

Man muss mich nur aufschlagen
Zeile für Zeile
Einfach lesen
Unbefangen

Seht ihr endlich den Schmerz?
Die Schuld?
Die auf mir lastet?
Wie schwach ich bin

Verdammt ich zerbreche
Aber ihr seht es nicht
Ich schaffe nichts mehr
Habe viel verloren

Ich helfe euch immer
Doch ihr fragt nur selten
Lest nicht
Seht nicht

Ihr seid blind
Doch gebe ich mich euch hin
Tag für Tag
Hilfe….

Schwarz (17.09.2009)

Schwarz
getragen um zu trauern
Schwarz
getragen um zu hassen
Schwarz
getragen um anders zu sein
Schwarz
getragen um auszudrücken
Schwarz
getragen um zu empfinden
Schwarz
getragen um zu verbergen

All dies in einem
Verbunden auf ewig
Ein Band gezogen
So dick wie Stahl

Dunkelheit, Tod, Asche
Seriösität, Machtanspruch, Exklusivität

Schwarz, so viel bedeutend, so einsam
Es macht krank, es verändert
Dennoch ist es
Nur eine Farbe.
Vielmehr eine Nichtfarbe.
Es gibt sie nicht
Und doch gibt es sie.

Vielsagend und versteckt.
Im hintersten Eck.
Lauert sie, nur für dich
Um dir zu zeigen ein neues mich.

Sie kommt raus am Abend,
Verschlingt alles,
Lässt nichts zurück
Nur das Licht die Schwärze verdrängt.

Schwarz ist unaufhaltsam!

Die Hand des Teufels

Mit dem Kopf durch die Wand
Das Herz trifft auf die Hand
Das Ende ist nah
Der Teufel schickt die Schar

Schweigen ist Gold
So trifft die Schuld
des Rechten Ort
Versteckt im Fort

Den Richtigen trifft?
Das Leid verschifft?

Fragen die gestellt
Erinnerung die erhellt
Tränen geweint
Engel der erscheint

Hass der erblüht
Seele so müd
gefoltert von der Sorge
Ist Verborgen

Die Wut entfacht
das Gefühl von Macht
Die Musik aufheult
das Gemüt aufheizt heut

Die Finger knacken
bereit zu hacken
ins Gesicht
des bösen Lichts

Hass und Wut vermischt
die Seele verwischt
Entsetzt die Augen
Die letzten Sinne rauben

Der Entschluss gefasst

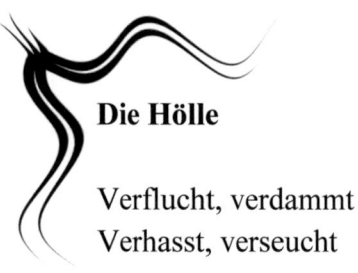

Die Hölle

Verflucht, verdammt
Verhasst, verseucht

So beschrieben
ich werd.

Sie mich
verachten.

Sie mich
binden
auf den
Scheiterhaufen.

Mich verbrennen
wollen und
in den Schlund
der Hölle werfen.

Qualen ich
erleide dort
Bilder vor
dem Auge huschen.

Dort lieg ich nun
im Schlund
der Hölle
nackt, verloren
einsam!

Der Schmerz
mich verbrennt
von Innen.

Die Hölle
mich verbrennt
von Außen.

Doch sterben
lässt sie mich nicht
zwingt mich
zu bleiben.

Sie den Hass
in mir erweckt
Sie die Wut
in mir entfacht.

Ihr Dämon
ich werd
nur ihr
gehorche.

Sie ist
mein Meister
ich bin
ihr Dämon.

Sie mich lehrt
die Hölle
zu nutzen
sie zu leben
wie sie.

Tausend Seelen
ich sehen kann
alle böse und schlecht
und ich mitten drin!

Ich verfluche die
dies mir antaten
dies mir wünschten
Sie alle
zu mir hol!

Denn ich
bin ihr Dämon
der Dämon
der Hölle!

Wolf

Einsam und alleine
mit Krallen und Zähnen
mit Leid und Trauer
ihn tragen nur seine Beine

Sein Herz pocht
es pumpt
Gefühle steigen hoch
seine Seele kocht

Augen so klar
die Nacht ergreifen
sie vernichten
ja es ist wahr

Da ist er nun
das Tier
ohne sein Rudel
spricht ohne Hohn

Die Ohren gespitzt
die Zähne gefletscht
sein Opfer gefunden
ist mit Blut bespritzt

Sein Kopf sagt ja
sein Herz sagt nein
Zwiespalt herrscht
das Ende ist nah

Der letzte Akt
die letzte Seite
sie wird noch geschrieben
bewegt sich im Takt

Die Musik erklingt
er weiß es nun
er ist am Ende
die Zeit verrinnt

Zweifel

Nun sitze ich hier,
es ist dunkel,
ich denke nach,
ich Zweifel.

Wer bin ich nun?
Wo stehe ich heute?
Was hat sich geändert?
Bin ich besser?

Ich bedaure es,
Ich Zweifel an allen,
Ich Zweifel an mir,
Ich bin nicht besser.

Was ist Sicher?
Was ist Leben?
Was sind Ziele?
Was sind Versprechen?

Tausend fragen,
In meinem Kopf,
Keine Antworten,
Auf meinen Lippen.

Ich sehe mich,
Schaue in den Spiegel,
Den Spiegel der Wahrheit
Ich sehe eine Krankheit.

Mein Spiegelbild berührend,
Meine Seele ertastend,
Mein Herz suchend,
So stehe ich dort,
Vor diesem Spiegel.

Verliere den Boden,
Verliere alles,
So viel,
Ich zu sagen vermag,
Kein Wort meine Lippen,
Verlassen mag.

Menschen kommen,
Und gehen wieder,
Ich flehe,
Und bitte sie.

Sie sollen,
Mich nicht verlassen,
Breche zusammen,
Knie nieder.

Blicke auf,
Sehe das Tor,
Das Tor,
Welches ich damals sah.

Er lauert,
er wartet,
noch immer
auf mich!

Rauche meine Letzte,
der letzte Zug,
bevor ich eintrete,
in sein Reich.

Tag für Tag
Ein Stückchen
Nur ein kleines Stückchen
Mehr zu ihm…

Des Teufels Reich

Gedanken verloren
wander ich durchs Land
Seelen los ich bin
pures Chaos in mir herrscht

Die Leere schmerzt
Die Hülle brennt
von Innen
sowie von Außen

Kein Wind weht
Kein Vogel singt
Ich gehe die Straße
Die Straße der Verdammten

Die Schlucht zur Hölle
weit geöffnet
Trauer und Schmerz
mir entgegen schreiten

Verstärkt die Sehnsucht
die Sehnsucht nach Leben
Verstärkt die Trauer
die Trauer um den Verlust

Des Teufels Hörner
ich kann sehen
der Geruch der Brut
mir in die Nase steigt

Die Flammen schon
aus Teufels Toren schlagen
Die Brut mich zieht
ins Flammenreich

Zu Hause ich nun bin
dort wo ich gehöre hin
in des Teufels Reich
Es mich zu Recht verbrennt

Tausend Tode sterbe ich
Tausend Qualen erleide ich
doch nichts gerecht dem wird
was ich verbreitet hab

Des Teufels Blicke auf mir ruhen
den Tode selbst er mir wünscht
Die Brut er auf mich hetzt
mich zu knechten und zu schlagen

Willig schreit ich tiefer
tiefer in der Flammen Schlund
Dunkelheit mich umgibt
tiefe Stille in mir lebt

Das Endziel erreicht
Die Stille mich zerreißt
Des Todes willig ich bin
doch zu viel Leid dies birgt

Gelebt wird das Leben
nicht von mir
Mich hält nur eines auf
Das Leben meiner Freunde

Das Einzige ist was mich erhält
Abstand halte ich von denen
die ich am meisten lieb gewonnen
will sie nicht verletzen

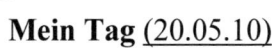

Mein Tag (20.05.10)

Einfach da sitzen
Sonne spüren
Frischeluft genießen
Vor sich her Leben
Es ist schön
Tut gut
Irgendwie befreiend
Wäre mein schwarzes doch nur hier
Würde es abrunden
Schöner machen
Geht auch so
Lächeln
Das habe ich gebraucht
Energie tanken
Bemerke ihren Duft
Schnupper am Pulli
Mein herz springt
Irgendwie ist sie
Doch da
Alles vergessen
In den Himmel starren
So klar
Da rennt sie
Doch glatt an mir vorbei
Ich lächle
Bin glücklich
Über glücklich
Mit ihr
Das alles

So wunderbar
Der leichte Wind
Mein Gemüt
Erfrischt
So viele Dinge
Ich aufnehme
Sie mich zum lächeln bringen
Es tut so gut
Ich fühle mich gut
Da ist sie wieder
Mein schwarzes
Geht vorbei
Sieht mich an
Geht weiter
Sie muss
Sehe das Sie
Nicht will
Ich lächle zurück
Ja mir geht es gut
Dank ihr
Meinem Schwarzen!

Die Denker

Träumer Duft
Segen Schein
Seher Wind
Feuers Blick

Soviel wurde geschrieben
Soviel wurde gesagt
Soviel wurde gesehen
Soviel wurde gehört

Doch gebracht hat es nichts
erhört wurde keiner
belächelt schon eher
oder auch verachtet

Es ist schwer hinein zu kommen
schwer akzeptiert zu werden
schwer ihnen zu folgen
doch es werden weniger

Es ist nicht mehr ihre Zeit
Sie versinken in ihrer Welt
Sie sind wie Geister
Sie existieren nicht mehr

Versuch der Auferstehung
Sie zu reanimieren
Gesellschaft verneint
Dichter bleiben tot

Neu

Ist es neu?
Das Gefühl?
Kennst du es?

Bist du verwirrt?
Kannst du nicht
klar denken?

Fühlst dich
alleine?
Verloren in
dieser Welt?

Bist nicht Herr
deiner Gefühle
Denn sie sind
verwirrend!

Weißt was es
bedeuten würde
Weißt was es
zerstört

Kannst nichts
für das was
mit dir
geschieht

Denkst viel nach
Fühlst dich kalt

Hast Kummer
und Sorgen
Bist beschämt
und besorgt

Willst einfach
nur
nach dem
Glücke greifen

Kannst einfach
nicht begreifen
Was in dir
vorgeht

Du willst
und doch
willst du
nicht

Schwarz es
wird um
dich herum

Brauchst Zeit
um zu fassen
einen Gedanken!

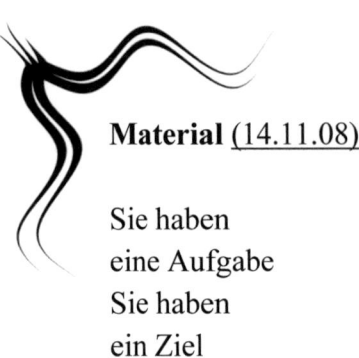

Material (14.11.08)

Sie haben
eine Aufgabe
Sie haben
ein Ziel

Zumindest
sollten sie
es haben

Sie haben's
gelernt,
sich selber
ausgesucht

Stehen vor uns
sprechen mit uns
versuchen
ihrer Berufung
nachzukommen

Manche sind gut
andre sind schlecht
aber definiert
dies gut und schlecht
von uns

Doch so sind wir
nur ihr Material
ohne uns sind sie
allein

Müssen sie doch
etwas mit uns
machen. Mit dem
Material

Doch kann es
Spaß machen
Zusammen zu
arbeiten

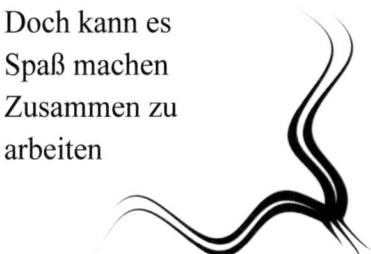